G

28433

REVUE POLITIQUE

DE L'EUROPE

EN 1825.

DE L'IMPRIMERIE DE LACHEVARDIERE FILS,

SUCCESSEUR DE CELLOT, RUE DU COLOMBIER, N. 30.

REVUE POLITIQUE

DE L'EUROPE

EN 1825.

PARIS ET LEIPZIG,

BOSSANGE FRÈRES, LIBRAIRES.

Février 1825.

AVERTISSEMENT

DES ÉDITEURS.

Cet ouvrage faisait partie du premier numéro d'une nouvelle Revue politique et littéraire qui devait commencer à paraître au mois de janvier. Cette entreprise étant retardée de quelques mois, nous avons cru important de ne pas différer la publication d'un article aussi remarquable que celui que nous offrons aujourd'hui au public, et dont nous regrettons qu'il nous soit défendu de nommer l'auteur.

REVUE POLITIQUE

DE L'EUROPE

EN 1825.

Ceux qui savent combien l'homme et les lois humaines sont capables de perfection suivent d'un œil attentif le mouvement général des sociétés, qui les porte vers une civilisation inconnue jusqu'ici, si funeste aux préjugés qui ont gouverné l'ancien monde, si favorable aux principes qui doivent régler le nouvel ordre qui s'annonce. Jamais la philosophie n'eut un plus vaste sujet de méditation ; jamais spectacle ne fut plus grand et plus digne de l'admiration des hommes : il est nouveau dans le monde ; l'antiquité ne l'a point offert. Ce grand état de civilisation, ce sujet de tant de faux raisonnements,

de tant de craintes insensées, que les uns
regardent comme la maturité des corps politiques et l'approche de leur décadence, que
les autres envisagent comme une source
plus épanchée des vices et des maux des sociétés humaines ; cette civilisation tant ap-
préhendée, injustement décriée, aveuglé-
ment combattue, fut ignorée et l'est encore.
Elle n'est ni de Memphis, ni d'Athènes, ni
de Rome. Elle a été soupçonnée par quelques sages de l'antiquité, qui ne pouvaient
que faire des vœux pour elle; elle n'a été
établie par aucun roi : elle ne pouvait
l'être. Son existence est le produit des siècles
et des relations universelles des hommes;
c'est le travail du temps, et l'œuvre du genre
humain lui-même. En civilisation, un siècle
n'est qu'un jour, un royaume n'est qu'un
point.

Dès que les rois ont cru l'apercevoir, ils

ont pensé que la civilisation n'était point dans l'intérêt de leur puissance; ils ont fait des efforts pour l'arrêter, et l'ont traitée en ennemie. Tous ceux qui les environnent, qui doivent leur suprématie aux préjugés qui ont présidé à l'ancien état des choses, se sont effrayés des progrès d'une civilisation qui les détruit; ils ont sollicité les rois de la combattre avec eux, et c'est ce que tous font en ce moment avec une aveugle application, sans prévoir les funestes conséquences de ce plan anti-social.

Cependant les rois ne la connaissent pas. La civilisation n'est point leur ennemie. La part des rois sera toujours noble et belle, quand ils voudront s'associer à l'humanité, et seconder ses nouvelles destinées. Ils la jugent par ces secousses et cet état de crise qui accompagnent ses efforts et son établissement; ils ne peuvent la juger par des exemples, le monde n'en a point. Ils ne l'ont point vue sans doute dans l'histoire connue des peuples : chez lequel iraient-ils l'interroger ? Athènes eut des lumières, mais elle fut injuste et barbare ; elle se fit des vertus qui ne le seraient plus : elle les faisait sortir de ses intérêts et de ses passions. Les vertus de fer des premiers Romains ne signalent qu'un peuple encore sauvage. La civilisation de Rome consulaire et de Rome impériale se bornait à Rome seule, ou, pour mieux dire, à un nombre de familles romaines ; en sortant des portes de Rome, on ne la retrouvait nulle part. Irons-nous la chercher chez nos ancêtres qui furent les plus ineptes et les plus féroces des hommes ? et il faut avouer que, jusques aux derniers siècles, nos révolutions, nos lois et nos mœurs ne nous ont pas donné le droit de renier nos pères. D'ailleurs, chez tous ces peuples, l'esclavage était regardé comme une condition de l'humanité, ce qui suffit pour les mettre hors de la question qui nous occupe.

D'autre part, tout l'Orient n'est que barbarie ; on ne sait point d'époque où il fut autre chose ; on n'en prévoit point où il changera d'aspect. Dans ces affligeantes contrées la plupart des hommes ne sont qu'un peu gradués au-dessus des autres êtres ; le despotisme et les religions y ont effacé la première empreinte de l'homme.

La vieille Égypte, cette source de toutes choses, ce premier modèle des sociétés humaines, l'école de la Grèce, qui enseigna l'Italie, qui, à son tour, instruisit l'Europe ; cette Égypte fut un chaos où la lumière et les ténèbres se combattaient : la raison humaine y était étouffée sous l'amas des superstitions. Toutes les extravagances dont l'esprit de l'homme est capable sortirent de cette terre, d'ailleurs si féconde en merveilles,

Telle est l'histoire philosophique des anciens peuples ; elle n'a qu'un trait physionomique, l'humanité entière livrée à la force, l'ignorance et la barbarie couvrant la surface de la terre. Nous ne prenons point date de l'origine des choses ; nos annales ne remontent qu'aux temps de dégradation, car sans doute le juste a précédé l'injuste, comme le droit a précédé la force, et la raison l'erreur ; autrement il faudrait dire que le monde a été créé pour la violence, l'injustice et la folie. Telle est donc l'histoire du monde, aussi loin que nos yeux peuvent l'entrevoir. Quelques flambeaux ont été allumés dans cette nuit si sombre et si longue ; quelques rayons aperçus sur les ruines d'Athènes et de Rome ont porté leur clarté jusqu'à nous, et cette faible lueur a fait le jour qui brille aujourd'hui sur l'Europe : mais ce jour n'est pas pur ; tous ceux qui en sont blessés veulent la faire rentrer dans la nuit dont à peine elle est sortie. C'est un prodigieux travail que de dissiper des ténèbres d'une épaisseur de trente siècles, et de rendre à la raison un empire qu'elle a perdu; mais, encore une fois, la lumière est séparée des ténèbres, et le monde en est à sa seconde création.

L'Europe aujourd'hui est humaine et policée, tout ce qui lui reste de barbare lui vient de l'Orient: un seul peuple indigne d'elle est encore à son extrémité, mais le moment n'est plus loin où elle rejettera cette écume. L'Europe est entrée dans une civilisation générale; ses gouvernements peuvent être injustes, mais aucun d'eux n'est barbare, aucun ne ressemble aux gouvernements atroces qui les ont précédés. Les peuples et les rois sont meilleurs; tous doivent ce premier degré d'excellence à une plus généreuse éducation, à une instruction plus profonde. L'éducation seule fait l'homme; c'est elle qui enfante en ce moment toutes les merveilles de la nouvelle Grèce. Mais par cela même que le cœur et l'esprit humain sont plus noblement cultivés, les besoins moraux des peuples sont agrandis; il ne leur suffit plus que les gouvernements ne soient point barbares, ils les demandent justes et généreux; il ne leur suffit plus que l'esclavage soit adouci, ils demandent une liberté fondée sur les droits et la dignité de l'homme; ce n'est plus assez que leur bonheur dépende de la bienveillance de leurs chefs, ils veulent qu'il soit fixé à des lois tutélaires moins mobiles que la volonté des rois.

L'Europe ainsi couverte d'une immense population éclairée semble n'avoir besoin d'aucun effort extraordinaire pour atteindre sa destinée sociale; elle est certaine d'y arriver par les naturels progrès de sa marche, et par le cours irrésistible des choses. C'est l'avantage de sa situation : le danger de celle des rois serait d'aggraver la leur par des résistances à ce cours impérieux, et de contester les droits des peuples, qui, dans la sagesse de leurs vœux, ne demandent pas que le bonheur des rois soit diminué, mais que le leur soit augmenté. Malheureusement la résistance n'est que trop réelle : malgré des vœux si sages, si faciles à remplir, et même si favorables à la grandeur des rois, les invocations des peuples sont repoussées; une puissante conjuration s'est habilement organisée contre la civilisation nouvelle, et a conçu un plan général de rétrogradation. Deux mondes marchent en sens contraire; les peuples et les gouvernements se disjoignent; ils agissent par des intérêts opposés, et de toute part les volontés se combattent. Une guerre décisive est ouverte entre les principes et les préjugés; mais les préjugés sont l'erreur, et les principes sont la vérité,

et la vérité n'est vaincue que quand elle manque de soutiens. Or, dans cette cause, toute
l'Europe civilisée combat pour elle.

Pendant que les préjugés dominent, ils
possèdent toute la force de la société; les
détruire, c'est désorganiser la société qu'ils
avaient formée, mais ce n'est point la dis-
soudre, comme le publient ceux qui leur
doivent tout. Les nations ne périssent pas si
facilement; toute révolution populaire se fait
contre un mauvais ordre de choses, en fa-
veur d'un ordre meilleur; car si l'ordre était
bon, il n'y aurait point révolution. Une
révolution populaire, comme celle de France
ou d'Espagne, n'est point une conjuration :
tout état mal organisé a un point de maturité
qui le fait tomber. Il y a des symptômes de
crises politiques, comme il y a des symptômes
de mort : le mécontentement général en est
un signe infaillible. Ce signe avait précédé

la révolution de France; il précéda la chute du gouvernement impérial. Dès que ce signe est reconnu, la crise est prédite; il n'y a que l'heure fatale qui est incertaine, et le moindre accident la fait sonner. Les rois doivent prendre avis de l'opinion publique; elle apprend tout, et ne trompe jamais.

Les révolutions sont donc des nécessités; on doit dire même en leur honneur qu'elles ont leur source dans des sentiments généreux et le désir du bien public; comme il faut dire, à la honte des contre-révolutions, que ce sont les intérêts personnels qui les opèrent. Les révolutions ne sont point combinées par les peuples; elles sont la faute des gouvernements : les fautes de l'église romaine ont fait l'église réformée. Tout mauvais ordre enfante un désordre; mais ce désordre est une transition à un ordre meilleur : le passage est terrible, sans doute, et il coûte cher à ceux qui le défendent, comme à ceux

qui le franchissent. C'est un intervalle rempli
de malheurs et de crimes; et ce n'est point
sans raison qu'il a été dit qu'il n'est point de
si mauvais prince qui ne vaille mieux qu'une
révolution. Les révolutions de palais ne sont
pas si compliquées: un crime les conçoit et
les achève; mais la colère fait les révolutions
populaires, et qui peut mettre un frein à la
colère d'un peuple! Après le premier crime,
elle ne compte plus, elle ne s'arrête qu'as-
souvie; il est bien plus facile aux rois de les
prévenir, qu'aux peuples de les borner. Mais
les fonctions royales sont une science élevée
et profonde, bien au-dessus de la capacité
ordinaire des princes; car s'il y a un vulgaire
de peuples, il y a aussi un vulgaire de rois.
Ils sont d'ailleurs placés dans un faux jour;
ils ne voient point; ils empruntent les yeux
de ceux qui les environnent; à travers le
prisme des courtisans, ils n'aperçoivent que
des tableaux agréables, quand tout est sinistre

un peu plus loin. Lorsqu'en 1815 le brave comte de Montmorency, parti de Lyon, vint annoncer au roi de France la défection des troupes royales et la marche triomphante de Napoléon, le roi dormait alors, on le réveilla; le comte de Montmorency entra, et lui dit le nouveau malheur qui l'accablait : le roi le reçut mal, et refusa de le croire. Telle est l'histoire de tous les rois; les précipices qui sont près d'eux ne sont vus que par les peuples; les rois dorment sur les abîmes, et ne se réveillent qu'en tombant. Ce n'est point dans l'enfoncement des palais, c'est dans le sein de leur nation que les rois doivent faire leur cours de politique; la vérité ne va point au-devant d'eux; il faut qu'ils aillent au-devant d'elle.

Si les rois, ayant des idées plus justes du pouvoir qui leur est confié, étudiaient les besoins et les droits des hommes aussi bien qu'ils connaissent les leurs, ils épargneraient bien des malheurs à l'humanité, et bien des dangers à eux-mêmes. Mais ils ont fait leur déclaration de droits, et ne veulent pas que les peuples fassent la leur. Ils n'admettent point de traité entre l'obéissance et le commandement : le droit des peuples va jusqu'à la prière; il y aurait audace, s'il allait jusqu'à la plainte; les rois veulent bien accorder, mais ils ne veulent rien devoir : tout partage est bien fait, quand la part du lion est faite.

Il faut peu s'étonner de cet étrange renversement de toutes choses. Les hauts préjugés de naissance et de droit divin dans lesquels les rois sont élevés les placent en dehors de l'humanité; ils croient à peine lui appartenir : délégués de Dieu, et non des peuples, ils doivent tout à Dieu et rien aux hommes. Ainsi, quand il leur plaît d'exercer leur bienveillance envers eux, ils ne remplissent pas des devoirs, ils répandent des grâces. Il n'y a point d'autre langage pour les divinités.

Il faut que le cœur d'un roi soit merveilleusement formé pour se vouer au bonheur des hommes de sa propre inspiration; les exemples en sont si rares, qu'il n'est pas même utile de les citer. Les bienfaits et les vertus politiques des rois ne se montrent ordinairement que dans leurs malheurs. Le malheur et les dangers ont formé la sainte Alliance; les rois, toujours ennemis, ont trouvé l'amitié dans l'adversité. Leurs premières intentions furent nobles et bienveillantes; l'infortune et la crainte les avaient inspirées : ils étaient hommes en ce moment; mais le succès dépouille la vertu, et ne lui laisse que son nom; les rois de la sainte Alliance sont maintenant bien loin de leur première pensée; en changeant de fortune, ils ont changé de but.

Il faut le dire, quelque affligeante et quel-

que amère que soit cette vérité, la crainte a
plus fait pour l'avantage des peuples que la
bienveillance des rois. Les peuples ont toujours traité avec les rois comme de vain-
queurs à vaincus. Les transactions favorables obtenues par les peuples l'ont toujours
été dans leurs mécontentements : malheureusement on refuse à la plainte ce qu'on accorde
à la menace. Ainsi la raison et la justice n'ont
pu seules se faire écouter, et l'histoire nous
apprend que jusqu'ici les rois n'ont exaucé
que les prières armées (*preces armatæ*); mais
les peuples ne sortiraient pas de leur devoir,
si les rois n'oubliaient pas le leur : il faut dé-
plorer à la fois l'audace des peuples et l'im-
prudence des rois.

Cependant nous avons vu de nos jours la
plus noble exception de toute l'histoire des
rois. Le vertueux roi Louis XVI est venu au-
devant de ses peuples avec le plus généreux

abandon ; mais il était seul à céder à leurs vœux. Les plus hostiles résistances partaient d'auprès de lui, et le peuple, dans ses préjugés, ne séparant point le roi des courtisans, a confondu, dans sa colère, le monarque et les grands, ne pouvant se persuader qu'un roi de France pût prendre les intérêts du peuple contre les intérêts des grands, tant ce phénomène était inconnu dans la puissance absolue des rois. Mais si cette accusation fut injuste à l'égard de ce malheureux prince, elle n'est que trop juste à l'égard des rois d'Europe, qui, aujourd'hui, se font un rempart de tout ce qui est grand, contre tout ce qui ne l'est pas. La Sainte Alliance, formée pour la protection et l'avantage de tous, n'est plus que le pouvoir exécutif de l'aristocratie européenne, qui se soulève de toute part contre l'égalité des droits. La Sainte Alliance, en se constituant, a tenu un langage que sa conduite révoque ; on sait tout ce qu'elle a promis dans l'épouvante, mais ses promesses ont été comme ces invocations dans le naufrage, qui ne durent que le temps de la tempête.

Ce vaste plan d'une ligue de puissants rois, conçu par Frédéric, exécuté par Alexandre, est hardi, habile, redoutable; mais il renferme un grand danger, c'est d'amener en imitation la ligue des peuples. La ligue des rois n'était autrefois qu'une coalition entre eux et contre eux, mais aujourd'hui c'est la coalition des rois contre les peuples qui ne l'ignorent pas, et à qui on trace leur politique à venir. Les rois ont craint d'être surpris isolément par l'esprit de révolution; ils ont doublé leur force par l'union. Rien ne peut résister à la puissance d'une ligue animée d'un seul et même esprit, qui se défend contre un même danger; mais en même temps c'est un aveu que ce danger est immense et imminent. Les rois menacent tout, parcequ'ils craignent tout; ils déploient plus de forces contre un être métaphysique, l'opinion, que contre des armées conquérantes; ils se rangent en bataille contre des idées; mais, quelque garantie qu'ils trouvent dans leur redoutable union, quelque forte que soit la pression qu'ils font sentir aux peuples silencieux et non abattus, tranquilles et non soumis, que la Sainte Alliance ne s'y trompe pas! la révolution poursuit son cours, et elle le poursuit en face de ses soldats, de ses agents, et de ses prêtres. Mais ce n'est plus la révolution armée de haches, précédée et conduite par ses bourreaux, c'est la révolution régulière et calme, qui s'est dégagée de sa haine et de sa violence, et qui se trouve assez défendue par la seule force de son principe. Elle n'est plus que l'esprit de réforme, qui prend tous les jours plus d'étendue et de conviction: c'est la connaissance du juste et de l'injuste qui saisit tous les esprits;

c'est le sentiment de la dignité de l'homme qui entre dans tous les cœurs; c'est la raison qui veut établir son empire, et la justice qui demande à commencer son règne. Les peuples, aujourd'hui plus doux dans leurs mœurs, plus éclairés dans leurs vœux, plus réservés dans leur conduite, témoignent assez, par leur modération, qu'ils aimeraient mieux obtenir que de ravir? mais s'ils n'obtiennent pas, qui sera coupable, s'ils ravissent? Il est donc aussi prudent qu'il est juste de les satisfaire pendant qu'ils prient, et de ne pas attendre que leurs prières deviennent des ordres, car les ordres des peuples se donnent dans les renversements. Tel est aujourd'hui l'esprit général et le sentiment politique uniforme des nations européennes, surtout de celles qui ont passé par la trempe d'une révolution.

La justice toutefois commande de ne

point dénaturer les sentiments des rois de la Sainte Alliance; il est hors de doute qu'à l'égard des peuples leurs intentions ne soient plus humaines; ils consentent à ce que les hommes soient plus heureux, mais à l'expresse condition qu'on ne leur contestera pas le pouvoir absolu, et que leurs bienfaits auront le nom de faveurs, et non celui de justice; ils veulent bien leur accorder plus de bonheur, mais non pas plus de droits; et, selon le code et la conduite de l'Autriche, ils veulent que le despotisme soit supportable, mais qu'il soit reconnu comme principe d'état; et c'est précisément ce bonheur de servitude accepté autrefois par des générations abaissées, qui est aujourd'hui rejeté par des générations plus élevées. C'est contre ce faux principe que toutes les opinions généreuses sont des résistances. On ne peut nier qu'il ne soit possible de goûter un bonheur matériel sous le despotisme; mais

ce qui a pu être un bienfait dans l'en-
fance et l'abaissement des peuples, est un
outrage à l'homme civilisé, éclairé sur ses
droits, ennobli par la pensée, et qui s'indigne de retourner à l'humiliation de ses
pères.

Les peuples savent que les gouvernants et
les gouvernés ont des droits respectifs : c'est
justement qu'ils prétendent qu'ils soient ré-
glés et observés, et que chacun soit circon-
scrit dans ses devoirs par une loi consentie
et fixe, qui protège aussi puissamment les
intérêts des rois que les intérêts des peuples.
Les rois ne sont plus des idoles que dans
leurs cours ; hors de là, ils sont les premiers
d'entre les hommes ; ils sont les chefs, et non
les maîtres du monde. C'est un assez beau
titre sans doute que celui de chefs de nations grandes et civilisées, mais il comprend
des devoirs dont semble dispenser le nom de

maîtres. Les rois craignent d'entrer en com-
munication avec les peuples ; ils se défient
des nouvelles relations que la force des
choses doit établir entre eux ; ils ont peine à
rentrer dans l'humanité dont ils étaient sor-
tis ; mais qu'ils soient plus confiants ! leurs
destins n'en seront pas moins beaux ; ils peuvent porter aussi loin qu'ils le veulent l'a-
mour et la vénération des peuples : il leur
suffit d'être les meilleurs, comme ils sont les
premiers des hommes ; il leur suffit de re-
descendre vers eux. de les avoir pour amis,
et non plus pour esclaves. Mais tel est l'égare-
ment de l'orgueil, que les rois préfèrent l'en-
cens aux bénédictions, et qu'ils aiment mieux
être adorés comme étant d'une nature dif-
férente que comme étant d'une nature meil-
leure ; illusion bien vaine , dans un temps
qui les détruit toutes. Les jours d'idolâtrie
sont passés ; les apothéoses sont de la fable;
on ne place plus les rois dans les constella-

tions. Les rois ont mieux à faire que d'être des idoles ; il doit leur être plus glorieux et plus doux d'être chéris et révérés par des peuples raisonnables . que d'être adorés par des peuples stupides qui brisent leurs idoles avec le même aveuglement qu'ils les encensent.

En analysant tout l'esprit révolutionnaire de l'Europe, on ne trouve au fond de l'analyse qu'un seul vœu, comme un seul principe, l'égalité des droits. Il en est la base et le but ; c'est vers ce point unique que se dirige tout le mouvement européen. Or, cette égalité des droits, qu'est-elle autre chose que la justice distributive qui comprend toute morale, toute vertu, et tout devoir ; et sans cette justice, que peut-on louer parmi les hommes ? Par quelle étrange aberration , par quelle fatale perversité du cœur humain, arrive-t-il qu'un principe si vrai, si obligé, si inhérent à la nature hu-

maine, soit nié et combattu par les rois, par
les grands, par les prêtres : par les rois, qui
sont spécialement dépositaires et distribu-
teurs de toute justice ; par les grands, qui
ne doivent leur élévation qu'à cette même
justice qui a récompensé les vertus de leurs'
pères ; par les prêtres, qui ont reçu de leur
fondateur l'ordre exprès de la prêcher et
de l'établir ?

Tel est le spectacle affligeant que présente
l'Europe. Si on jette les yeux sur ses popu-
lations tourmentées, on les voit partagées
en deux grands partis, dont l'un, infiniment
supérieur en nombre, en mérite, en lumières, réclame l'application rigoureuse de ce
principe; et l'autre, de beaucoup inférieur en
nombre et en tout autre avantage, le re-
pousse de tous ses efforts et de tout le pouvoir qui est encore en ses mains; sans que
l'on puisse prévoir quand finira ce combat

du juste et de l'injuste, du droit et de la force, du privilége et de l'égalité.

Les rois considèrent comme droits les abus de la force, maintenus par elle pendant un long temps ; les peuples prétendent que le temps ne prescrit point contre eux, et nient la légitimité de la force. Voilà la cause contradictoire qui arme les sociétés contre les gouvernements, et les gouvernements contre les sociétés. Si la force ne donnait de l'importance aux prétentions des rois, elles seraient réduites à l'absurde. Aussi, n'est-ce pas une question qu'ils soutiennent, mais qu'ils tranchent. Les conclusions de l'épée sont sans réplique : la force ne fait pas le droit, mais elle établit le fait, et le fait est toute la logique de la force. Quand on reprochait à Louis XIV ses actes d'autorité arbitraire, les exils, les emprisonnements, les jugements sans formes, il répondait :

Ce que je fais, on l'a fait avant moi; on en a toujours usé ainsi. Voilà le droit placé dans l'abus et dans la longueur de l'abus.

C'est pour recouvrer des droits perdus ou envahis que la moitié de l'Europe s'est soulevée contre ses gouvernements. Malheureusement, les révolutions, excusables dans leur but, le sont rarement dans leurs moyens. La violence des moyens a fait accuser la révolution française, qui a succombé sous l'accusation : mais l'esprit de la révolution survit à elle-même; son action est éteinte, mais son principe est plein de vie, et ce principe n'était autre que l'égalité des droits. Il peut être comprimé pendant quelque temps, il l'est même en ce moment; mais il a trop de ressort pour ne pas faire céder les mains qui le compriment. Depuis trois ans, le ministère de France poursuit l'esprit constitutionnel avec un acharnement incroyable; il a employé, pour l'anéantir, toutes les forces créées, et les moyens les plus odieux, comme les plus violents, ne s'arrêtant qu'à l'échafaud. C'est montrer de la prudence dans la persécution, car la contre-révolution ne peut pas se cimenter par le sang, comme la révolution; elle aurait manqué son but, et en le manquant, elle aurait rappelé une révolution plus complète et plus décisive que la première. La réaction contre-révolutionnaire a été aussi cruelle qu'elle a pu l'être pour l'époque où elle a eu son cours: le temps ne permettait pas plus; la modération a été commandée par la résistance des choses. La cruauté ministérielle s'est donc bornée à faire couler des larmes; mais quel triomphe a-t-elle obtenu? Elle a voulu étouffer l'esprit constitutionnel, et l'a universalisé. La nation n'a accepté aucun de ses actes; elle les a subis en les réprouvant, et les larmes de ses victimes ont été une semence, comme le sang des martyrs. L'opposition a été générale et manifeste ; elle est dans la nation entière ; elle est dans les corps constitués ; elle rompt ses digues de toute part. L'opposition fortuite de la chambre des pairs en a produit une raisonnée dans la magistrature, ce noble refuge des libertés publiques, qui étaient perdues peutêtre, sans l'appui de sa force et de son immense considération. Elle est la seule barrière qui n'est pas encore renversée ; elle seule a mis un frein aux fureurs d'un parti qui n'en veut point. Quand ce parti, qui prend le nom de royaliste, était vaincu, on lui supposait des vertus et de l'honneur : il en portait le masque ; mais dès qu'il fut vainqueur, il ne montra plus que fraude, bassesse, avidité, corruption. Ainsi le temps de sa défaite fut celui de sa gloire, et le temps de son triomphe a été celui de sa honte.

Il règne en France une longue terreur im-

primée par le gouvernement de Napoléon,
que le gouvernement royal eût été par lui-
même incapable de produire, mais dont les
ministres ont tiré un premier avantage. La
France, courbée si long-temps sous un joug
de fer, est encore dans la même attitude : il
lui faut quelque temps pour se relever. Les
ministres, comme ces affranchis de Rome
qui voulaient gouverner à la manière des
empereurs, ont voulu commander le silence et l'obéissance, qu'ils observaient eux-
mêmes sous l'empire. Mais les grandes actions de Napoléon avaient rendu sa tyrannie imposante, et le mépris fit bientôt justice
de la tyrannie du plus obscur triumvirat.
Flétri par l'opinion publique, miné par tous
les partis, repoussé des gens de bien, pour
se soutenir sur ses propres ruines, il a de-
mandé du secours aux hommes serviles, aux
délateurs, aux consciences vénales, et il s'est
fait un corps ministériel de tous ces élé-

ments. C'est ainsi qu'au milieu du murmure universel, il a offert le spectacle et le scandale d'un gouvernement qui a établi son système et son action sur la bassesse et la corruption des hommes. Les fatales conséquences de cette déplorable politique ont été de compromettre la dignité royale, la sûreté même du trône, et l'honneur de la nation française, que l'on croyait en Europe volontairement livrée à la corruption ministérielle.

Il est trop vrai pourtant que la France a perdu beaucoup de sa considération aux yeux de l'Europe. Tenue dans l'abaissement par les hommes les plus médiocres, qui ont pu la gouverner impunément par la puissance de la terreur et de la corruption, elle se trouve précipitée de cette hauteur où elle s'était élevée, lorsque l'Europe la contemplait si noble dans les dan-

gers , si glorieuse dans les combats , si magnanime dans les revers.

D'ailleurs , la France n'a plus de rang dans
l'Europe , car c'est n'en plus avoir que d'être
tombée au troisième rang des puissances
continentales ; elle doit cette dégradation à
ceux qui, chargés du soin de sa gloire, ont fait
consister la leur à comprimer sa force et son
génie. Le parti aristocratique, dont ils sont
les chefs, met sa seule application à détruire
le parti constitutionnel : c'est une affaire domestique qui le rend indifférent à tout ce qui
se passe au dehors. C'est dans ce but qu'ont
été employés en Espagne les armées et les tré-
sors de France ; les ennemis de sa gloire ont
consenti à abaisser toutes les grandeurs de cette
France , pourvu que les rois à qui elles sont
livrées les aidassent à dompter les rivaux de
l'aristocratie. Le noble duc de Richelieu avait
menacé la Sainte Alliance de faire un appel

à la France contre elle : ses successeurs
ont fait un appel à la Sainte Alliance contre
la France. Jamais politique ne fut plus favorable à la grandeur des rois d'Europe ;
surtout de l'Angleterre , qui devrait em-
ployer toutes les subtilités diplomatiques
pour le maintien d'un ministère conjuré contre l'essor et le génie du seul peuple dont
elle appréhende l'élan et la rivalité. Quel
triomphe pour cette nation justement or-
gueilleuse de voir ce grand peuple français ,
qui a rempli l'univers d'épouvante et de
gloire; traité aujourd'hui comme un peuple
vaincu , lui qui était hier le maître du
monde ; de voir cette même France aux
ordres des rois coalisés , et n'ayant plus d'é-
pée à jeter dans la balance de l'Europe !
Pendant ce temps de honte , l'Angleterre
poursuit son vol d'aigle , et tandis qu'elle
porte les lumières et la civilisation jusqu'aux
extrémités de la terre , elle contemple avec

joie l'émule de sa gloire et de son génie se
débattant sous la main de ses obscurs vain-
queurs, qui d'un commun accord s'efforcent
et se vantent de la faire rentrer dans l'ignorance et le ridicule des derniers siècles. C'est
ouvrir un vaste champ à la réflexion, que
d'offrir la comparaison de la France avec
elle - même dans l'espace de trente ans.

Le nouveau règne apportera-t-il à la
France de nouvelles destinées ? Le temps ré-
pondra à cette question, et déjà même il a
commencé sa réponse. Les nations sont si
pleines d'espérances et de désirs, que la seule
apparence d'un règne populaire fait éclater
leur amour : leur reconnaissance se montre
avant le bienfait ; un pouvoir revêtu de formes plus douces leur semble un pouvoir qui
se détend. Quel règne n'a pas eu ses premiers beaux jours ? Mais le début d'un règne
ne présage rien pour son cours. C'est le pre-

mier élan d'un cœur royal ; mais quand de mauvais ministres sont placés entre un peuple et son roi, ils séparent la chaîne qui doit les unir, et rendent stériles la volonté du roi et l'espérance du peuple.

La bonté d'un roi devrait être un grand présent fait aux hommes ; mais la bonté d'un roi s'exerce autour de lui : c'est un bonheur pour ceux qui l'environnent ; mais les peuples, qui en sont éloignés, sont livrés à la volonté de ses ministres. Louis XIII était bon : cela a-t-il empêché les sanglantes condamnations de son règne ? Louis XIV était bon : cela a-t-il empêché le supplice et la proscription de quatre millions de protestants ? Louis XVI était bon : sa bonté a-t-elle détourné tous les malheurs de son règne ? Charles X est bon : sa bonté l'emportera-t-elle sur l'esprit d'iniquité qui l'environne ? N'est-ce point toujours par la raison d'état qu'on parvient à dénaturer le cœur et les actions des rois ? Le nouveau règne a été signalé par un bienfait immense , la liberté de la presse, qui est aujourd'hui sans danger pour les rois ; mais, d'autre part , c'est l'administration qui fait l'état , et l'administration est et restera la même. C'est le même plan d'asservissement et de corruption ; c'est la même conjuration d'un parti contre la nation entière ; et la France se trouve condamnée au même joug et à la même humiliation.

Cet état d'abaissement semble rehausser encore les grandeurs de l'Angleterre, qui est le seul état monarchique où l'homme ait de la dignité. Ce pays est comme le tabernacle où sont déposées les tables de la loi des hommes en société. L'Angleterre, par le seul fait de son existence constitutionnelle , pèse de tout son poids dans les destinées de l'Europe. En conservant les principes et en

les proclamant du haut de sa tribune élo-
quente, elle les enseigne aux autres peuples,
les éclaire et les dirige par la toute-puissance de la parole et l'ascendant de son
exemple. Tant que sa voix retentira dans le
monde, il n'y a point de tyrannie durable en
Europe ; elle exerce une puissance morale
immense dont la force est incalculable, et
qui, à une époque assignée, fera triompher
la raison universelle de toutes les superstitions
politiques et religieuses. Il est de son intérêt
patriotique de ne point avancer cette époque,
si elle n'y voit point de danger; car y étant arrivée pour elle-même, elle a conquis sur tous
les autres peuples une supériorité qui est la
source de sa gloire et de ses richesses. La politique de l'Angleterre, parvenue à sa majo-
rité, est de laisser maintenir les autres peuples dans leur minorité ; elle ne fera aucun
effort pour les faire sortir de leur tutelle ; elle
ne les aide que de son exemple, mais cet

exemple est fécond en merveilles : la France, l'Espagne, l'Italie, l'Allemagne, toute l'Amérique, ont déjà porté les fruits de ses leçons.

Cependant, si l'Angleterre voyait ses libertés menacées par la conjuration des rois, elle donnerait à sa politique une direction plus prononcée ; et, comme elle tient le levier qui peut remuer le monde, elle le soulèverait en un instant; en faisant un appel à toutes les idées constitutionnelles de l'Europe, qui en est pénétrée, elle ferait surgir des armées auxiliaires de tous les points, et comme d'une part elle a déjà justifié ce mot de l'ancienne Rome : *Qui est maître de la mer l'est de la terre,* elle joindrait la puissance morale à la force réelle, et ferait sortir des prodiges de ces deux puissances réunies. Le commandement des rois ne remue que la surface des nations, mais le cri de la liberté en remue

le fond. Il ne faut pas que les rois aient l'im-
prudence de l'inquiéter; elle n'a que ce cri à
jeter dans l'Europe qui l'écoute, c'est son
ultima ratio; que les rois y prennent garde!

L'Angleterre porte ombrage aux états des-
potiques; elle s'est noblement exclue de cette
assemblée souveraine où l'on discutait comment on peut augmenter le bonheur des
peuples, sans leur ôter leurs chaînes. Elle
n'a point voulu entrer dans un conseil de
rois où les droits des hommes étaient mis
hors de question. Il n'est point de haut fait
qui puisse égaler en gloire cette action né-
gative; elle lui assure la reconnaissance et
l'admiration des générations futures, qui se
connaîtront mieux que nous en sentiments
généreux et en grandes choses.

L'Angleterre n'a rien à redouter ni du
cours des événements, ni des projets des

rois. Tout ce qui est en dehors d'elle peut l'obliger à des précautions, et non lui apporter un dommage réel ; mais elle renferme des dangers dans son propre sein. Elle a chez elle une église romaine secrètement ennemie de son gouvernement, et une partie de son aristocratie qui a bien de l'affinité avec l'aristocratie des monarchies européennes, si redoutable aux libertés publiques. Elle peut juger par ce qui a déjà été retranché des siennes, ce qu'on peut encore lui en faire perdre. C'est dans son sein qu'elle doit porter ses regards ; ce sont ses ennemis cachés qu'elle doit surveiller : les rois ne peuvent l'attaquer que par cette arme domestique ; mais cette arme est mortelle ; qu'elle jette la vue sur les dangers de la France et les plaies de l'Espagne ! Un second Walpole la perdrait ; et si son exemple périssait, qui peut dire ce que deviendrait l'Europe. Les rois regardent l'Angleterre comme la source de toutes les libertés, dont le désir s'infiltre dans leurs états par toutes les issues; et il ne faut pas douter qu'ils ne se soient occupés des moyens de dessécher cette source; déjà même ils considèrent comme un élément de despotisme son armée agrandie, qui, comme toutes les armées, donne de si vives alarmes à la liberté ombrageuse. Mais l'Angleterre est trop éclairée pour se croire exceptée de la conjuration des rois, et peut-être est-elle voisine du moment fatal où elle doit arborer l'étendard constitutionnel sur tous les rivages de continent.

Dans de si graves conjonctures, la Russie voudrait en vain lui disputer sa prééminence et arrêter son ascendant. En vain elle voudrait balancer par des forces brutes toutes les forces morales que l'Angleterre renferme en son sein, et qu'elle ferait sortir du milieu de tous les peuples. Ce colossal empire, tout déployé qu'il est sur l'Europe, serait obligé de se replier sur lui-même devant un colosse plus grand que lui : mais tandis que la Russie n'est point encore en présence de ces grands événements, elle se met en puissance de les dominer, quels qu'ils puissent être. Elle exerce un pouvoir suprême sur le continent ; elle a recueilli l'héritage de Napoléon. Ses ordres traversent l'Europe et la remplissent, et ils sont de même poids à Paris qu'à Pétersbourg. Elle ne les donne pas dans un langage altier ; elle défend l'orgueil à ses ambassadeurs ; elle ne menace point, ne fait point d'appel à ses armées ; on l'entend à peine, on ne voit d'elle que le mouvement de tête de Jupiter. Sous les formes les plus civilisées, elle enseigne la soumission orientale, et par un mélange de politique, de mœurs européennes et asiatiques, elle donne à tout une physionomie nouvelle.

On ne peut envisager la Russie sans alarmes et sans surprise. Il y a quelques années, l'Europe l'apercevait à peine; elle est comme un nouveau monde découvert. Il semble que ses armées gigantesques soient sorties des nuées du septentrion. On a vu de nos jours l'empereur de Russie signer un traité de paix à Paris avec le roi de France, en même temps qu'il signait un traité de limites avec l'empereur de la Chine ; grandeur sans mesure qui porte avec elle son admiration et son effroi, qui égale en puissance et presque en majesté Rome des consuls et Rome des Césars. Le temps n'est pas encore bien loin où le premier vœu de l'ambition de ses empereurs était la possession de la Turquie, et le titre d'empereurs de la Grèce ; mais ses destinées se sont portées si haut depuis la chute de l'empire français que cette conquête lui paraît être aussi indifférente que facile. Elle a bien mieux à faire sans doute que d'ajouter à son empire une lisière de l'Europe : elle préside les conseils des rois, elle fait mouvoir leur sceptre au gré du sien; l'Europe continentale ne connaît qu'une volonté, c'est la sienne ; tout le reste n'a que des vœux à faire. La Russie a atteint la puissance de Rome, et elle en prend la politique; comme elle, elle intervient dans les querelles des rois et des peuples; comme elle, on la prend pour arbitre ; comme elle, maintenant la paix entre eux , elle la conseille ou la commande ; et comme Rome enfin, elle garde sur tous la souveraine puissance. Que font à la Russie les querelles intestines de la France, et le parti insensé qu'elle protège? Elle a aussi protégé le parti contraire. Que lui importe! De long-temps l'arbre de la liberté ne prendra racine dans son empire ; c'est une terre qui n'est point défrichée : mais elle se sert de ces deux leviers pour établir, au sein même de la France, sa puissance et son nom.

La Russie se trouve dans les circonstances les plus favorables à son agrandissement. Non seulement le déploiement de ses immenses forces ne paraît point porter ombrage aux rois, mais les rois qui se croient menacés par l'opinion et la force populaire l'invoquent contre ce danger. Uniquement occupés du soin de leur conservation, ils le sont moins de la dignité de leurs couronnes. Ils se rangent sous l'abri d'un pouvoir contre lequel autrefois ils auraient soulevé toutes les jalousies de l'Europe. Louis XIV et Charles-Quint n'ont pas eu la stature d'un empereur de Russie, et pour les abaisser, l'orgueil blessé des rois a répandu le sang de vingt peuples. Mais la Russie, favorisée par cette frayeur qui les saisit et qui ne peut l'atteindre, trouve sa sûreté dans leur péril. En les prenant sous sa protection, elle les met sous sa puissance ; elle remplit leur but et le sien ; elle maintient les peuples dans la dépendance de leurs rois, et range les rois sous la sienne. Ainsi les rois ont le sort de leurs peuples. Tous obéissent, et il n'y a qu'un seul commandement. Les rois préfèrent leur servitude à la liberté de leurs peuples. Ils se sont livrés eux-mêmes pour se venger de leurs entreprises ; c'est ainsi qu'ils sont tombés dans la fable du cheval qui demande du secours à l'homme.

Mais il faut rendre hommage au caractère de l'empereur Alexandre. On ne peut faire un usage plus modéré de la force et d'un pouvoir qui peut tout ; et quoique la philosophie ait avec justice retiré ses applaudissements à ce prince qui est passé dans les rangs du parti qui la combat, il est juste aussi de reconnaître qu'il use avec une sagesse, digne d'admiration, d'une toute-puissance dont la plupart des rois ne manqueraient pas d'abuser. C'est le vrai caractère de la magnanimité ; mais cette magnanimité est la vertu d'un seul homme, et l'homme a son terme. L'empereur n'est pas l'empire, et c'est l'empire qui menace. Le présent est dans les mains d'Alexandre, mais l'avenir est à ses successeurs. Ainsi demain, un successeur d'Alexandre peut jeter sur l'Europe quinze cent mille combattants, et y fonder un empire sur le modèle des empires d'Orient. Telle serait l'inévitable destinée de l'Europe, si ses peuples moins civilisés pouvaient rentrer dans l'esprit de servitude et d'abaissement tant souhaité par le clergé romain et l'aristocratie de France.

Les cabinets de Prusse et d'Autriche dissimulent en ce moment leur secrète inquiétude d'être les premiers en contact avec ce formidable empire ; d'ailleurs, leur effroi des constitutions affaiblit ces alarmes et leur adoucit ces dangers éloignés. Cet effroi est tel, qu'ils ne repousseraient pas des conditions encore plus dures, pour échapper à la contagion constitutionnelle.

Au reste, les rois n'ont point à s'occuper des menaces et des complications de l'avenir. La politique européenne est simplifiée, et son esprit est changé. Dans les desseins de l'ancienne politique, les peuples n'étaient que des moyens ; aujourd'hui ils sont le but même de la nouvelle politique. Les rois n'ont plus d'affaires entre eux, ils n'en ont plus qu'avec leurs peuples. Comme il n'y a qu'un danger, il n'y a qu'une défense. Tout est devenu commun entre les rois, comme tout l'est entre les peuples. Le pouvoir absolu est en présence du pouvoir constitutionnel. Il n'y a que deux maximes politiques en Europe, la victoire n'en laissera qu'une.

Cependant, avant l'issue du combat, il faut rassurer les souverains alarmés; l'esprit constitutionnel n'est pas l'esprit républicain. Un examen approfondi de l'opinion publique prouve que jamais les peuples européens n'ont été moins ennemis des rois. C'est bien imprudemment que des écrivains superficiels ont avancé que l'esprit républicain était l'esprit du siècle ; cela n'est vrai que pour l'Amérique, qui en rien ne ressemble à l'Europe. L'esprit du siècle est contre l'aristocratie, et non contre la royauté. C'est dans les quinzième et seizième siècles que l'esprit républicain était menaçant, et mettait en danger toutes les têtes couronnées. Il n'est point d'état à cette époque qui n'ait fait des efforts pour se constituer en république, et plusieurs y ont réussi. Les révolutions d'Angleterre, de Hollande, de Suisse, de Gênes, de Naples, de Genève ; les tentatives de l'Espagne ; les révoltes de l'Italie, des états d'Allemagne, de Belgique ; les guerres civiles de France ; les projets des réformés ; les complots de la ligue ; tout atteste à quel point l'Europe était tourmentée et emportée par l'esprit républicain.

De nos jours la France a été république ; mais ses fondateurs, n'étant secondés ni par l'éducation ni par l'opinion républicaine, l'établirent par la force et le crime. Cette république n'ayant point sa base dans l'esprit de la France, n'eut que la durée de la violence qui l'avait fondée. Ce fut le rêve de quelques hommes qui voulurent faire par les lois ce qu'on ne peut faire que par les mœurs. La France a donc été république, sans être républicaine. Elle n'eut qu'un nom, et ne dura qu'un jour. Cet essai prouva la faiblesse des lois et la puissance des mœurs. On peut les changer et non leur résister ; mais les lois violentes ne durent jamais assez pour changer les mœurs ; il n'appartient qu'aux lois justes et humaines de s'enraciner dans le temps et de produire des mœurs nouvelles.

Si, à cette époque, l'esprit républicain commençait à germer en Europe, il aura reculé devant les malheurs et les crimes de la France : il s'est éteint dans le sang qui inonda cette république. A l'aspect de tant de forfaits, la royauté ne parut plus coupable ; elle se réconcilia avec les peuples, et maintenant, au prix de quelques concessions, elle peut se regarder comme affermie : les événements les plus proches de nous en ont établi la preuve. Dans les dernières révolutions de Naples, de Piémont, d'Espagne, de Portugal, non seulement le principe de la royauté n'a point péri, mais celui même de la légitimité a été conservé. Les peuples n'ont point fait ces révolutions pour faire la conquête de leurs rois, mais pour conquérir un ordre constitutionnel. Il ne faut donner ni prendre le change ; les choses doivent être présentées dans leur jour :

la guerre se fait contre l'aristocratie, et non
contre la royauté ; et si quelque part elle attaque la royauté, c'est qu'elle veut être absolue, ou qu'elle arme l'aristocratie contre
les droits des peuples. Et, pour ne rien laisser
de douteux dans cette grande question, qui
comprend tous les intérêts de l'Europe, il
faut encore ajouter que la révolte de l'opinion
n'est point contre l'aristocratie proprement
dite, mais contre l'aristocratie de privilége,
incompatible avec la civilisation actuelle,
devenue insupportable aux classes éclairées
de la société, trop élevées aujourd'hui par
leur fortune, leur éducation et leurs mœurs,
pour subir des supériorités humiliantes et non
méritées, et pour perpétuer au milieu d'elles
un préjugé mal défendu par les lois, repoussé
par les mœurs, qui, s'il n'est détruit par
l'autorité, le sera infailliblement par la raison publique.

C'est là la plaie véritable des corps politiques; c'est là le malaise qui travaille la société. Elle rejette une aristocratie qui est trop loin et trop séparée de son principe ; elle en demande une plus juste et plus nouvelle, pour qu'elle soit plus pure et qu'elle en voie la source. Elle ne peut plus se contenter du vain fantôme de la vertu et du mérite : elle veut honorer la vertu même et le mérite réel. La naissance seule lui paraît un mensonge; elle ne peut concevoir qu'au mépris de tout ce mérite vivant dont elle abonde, on préfère le souvenir suspect d'une vertu éteinte et d'un mérite qui n'a pas été transmis. Ce n'est pas qu'elle prétende détruire la dignité des noms, mais elle veut qu'elle soit justifiée par ceux qui les portent; elle veut que leur éclat passé revive dans une vertu actuelle; mais elle s'indigne qu'on livre aux noms seuls les rangs, les fonctions, les honneurs, les richesses et tous les avantages de l'état.

De toutes les institutions politiques, l'aristocratie de naissance est sans contredit la plus funeste à la vertu, au génie et à l'agrandissement des peuples : c'est un examen qu'il faut faire sans aucune prévention; il serait odieux d'en mettre dans une question si grave. Comme cette aristocratie veut renfermer en elle seule toute la considération et toutes les capacités de l'état, il s'ensuit que les immenses majorités nationales sont condamnées à l'inaction et à la vie matérielle; tous les germes y sont étouffés, tous les ressorts comprimés; et les chefs des états se privent ainsi de toutes les merveilles qui sortiraient des peuples ennoblis qui auraient franchi les limites étroites où ils sont circonscrits.

L'expérience ne manque point à ce raisonnement. Quel éclat brille aujourd'hui sur l'Italie, l'Espagne, l'Allemagne, la France même, depuis que sa carrière est fermée? Ce

sont les contrées où domine le plus l'aristocratie de naissance. A côté de ces états sta-
tionnaires ou rétrogrades, que l'on considère
la marche, la grandeur, l'immense et rapide
développement de la Russie, depuis que
l'empereur Fodor y a détruit l'aristocratie de
naissance! On peut dire que, par cette seule
action, il a jeté les fondements de la plus
ferme et de la plus considérable puissance.
Voilà comme d'une grande idée il sort un
grand empire; là, les hommes sont ce qu'ils
méritent d'être; là, on peut espérer en ses
vertus, en ses talents, en ses lumières : avantages inutiles ou nuisibles dans les pays de
priviléges; là, le mérite fait les ambassadeurs, les généraux et les ministres. Tel
ambassadeur d'un empereur de Russie ne
pourrait l'être d'un roi de France. Sur cette
terre de l'orgueil, il n'est point de haut rang
pour une basse origine. La Russie se fait re-
présenter par des hommes, et la France par

des noms. En France, les maximes de cour l'emportent sur les maximes d'état, ou, pour mieux dire, la cour c'est l'état. On ne le voit que trop par toutes les médiocrités qui en sortent ; et qu'en peut-il sortir autre chose ? L'esprit suit le cœur, et comme lui, se flétrit et s'éteint dans la domesticité royale: toutes les hauteurs se nivellent en entrant à la cour ; et tel homme qui se laisse écraser par un titre de palais, serait un colosse, s'il se plaçait en dehors. Louis XIV le savait bien : il l'avait appris du cardinal de Richelieu ; il abaissa les grands en les plaçant à ses côtés et en les prenant à ses gages.

Mais il faut citer la France même à l'appui d'une vérité si haute ; cette terre n'a-t-elle pas été couverte de prodiges, pendant le peu de temps que l'aristocratie de naissance y a été détruite? En les séparant des crimes de la révolution, les grandes choses et les grands hommes n'ont-ils pas jailli de tous les lieux comme de tous les rangs? L'Europe n'a-t-elle pas été subjuguée par son génie, comme par sa valeur? En offrant l'égalité de la gloire et des honneurs à tous les mérites, la France n'a-t-elle pas fait sortir l'héroïsme de tous les cœurs et le génie de toutes les têtes? Quelle fécondité d'hommes et de choses se trouverait sous la main d'un grand roi qui saurait chercher toutes les sources, et toucher tous les ressorts!

Mais qu'attendre aujourd'hui de la France replacée sous l'influence du clergé de Rome et des hommes de cour; elle est rentrée dans ses destinées vulgaires; quel sublime effort peut lui être inspiré par les prêtres de Rome, qui disent qu'il ne faut qu'un livre sur la terre, comme le calife Omar le disait de l'Alcoran; et par les hommes de cour, qui regardent les travaux du génie comme la tâche de la roture!

C'est une vérité que l'on ne peut procla-
mer assez haut, l'aristocratie de naissance,
par sa prééminence exclusive, condamne
les peuples au néant, éteint la vertu dans
son germe, arrête l'essor du génie, dessèche
les sources de l'état, borne les facultés des
peuples et les moyens des rois. On l'a dit à
Louis XIV : il faut que cette vérité ait bien
de la force pour être apparue sous ce règne
oriental, et à l'époque où les préjugés ont
eu le plus de puissance et le plus d'éclat.

L'aristocratie privilégiée n'est donc point
dans l'intérêt des rois, puisqu'elle est si
funeste aux progrès des nations : c'est une
vérité établie ; mais il en est une autre qui la
rend inutile, c'est que les rois redoutent les
progrès des nations, en haine de l'esprit de liberté nécessaire à leur développement. Ils redoutent cette grandeur où la liberté les élève ;
il leur semble que l'honneur rendu aux hom-

mes est une atteinte à leur dignité. Ils veulent que toute la majesté d'un empire ne soit que sur un seul front; tout ce que les peuples acquièrent, ils le calculent en perte pour eux. Mais, c'est que les rois jugent mal le nouvel essor des peuples ; c'est qu'ils ignorent de quel amour ils seraient capables, s'ils vo yaient en eux les premiers défenseurs de leurs droits: c'est une expérience à faire, les rois de France surtout peuvent la faire sans danger. Le plus adoré de leur race fut un roi populaire ; les Français ont craint ou admiré les autres, mais c'est le seul qu'ils ont vraiment aimé; il faut juger par lui quels rois conviennent à la France.

Les rois contemporains, n'étant pas nés dans des temps de loi écrite et de liberté régnante, héritiers du pouvoir absolu, qui est un legs de la force, ne cherchent point les choses dans leur principe, mais seulement dans l'état où ils les surprennent. Cela est bien pour les rois ; mais les peuples, qui ont leur refuge dans le principe des choses, le font valoir contre l'abus, aussitôt qu'ils le peuvent. Les rois naissent et trouvent des peuples sous le joug, et ils prennent la servitude pour un état fixe : à leurs yeux, ce qui est doit être. Un désordre organisé est pour eux l'ordre immuable. Ainsi les rois regardant la servitude comme une nature de choses, et leur pouvoir comme un principe, traitent de rebelles et d'ennemis les peuples qui redemandent les droits dont la force les a dépouillés. Le préjugé va si loin à cet égard, que le cabinet d'Autriche, dans tous ses factums politiques, appelle les peuples obéissants, les peuples civilisés : il est bien digne de ce cabinet de ne reconnaître la civilisation qu'à l'obéissance. C'est la civilisation de l'Orient ; c'est la seule qui lui convienne.

L'Autriche est la vraie terre du despotisme.

La justice de ce gouvernement consiste à le rendre supportable. Le principe y est adouci par son action, mais il y règne dans toute son étendue. Un empereur d'Autriche ne conçoit pas autre chose; hors du despotisme, tout lui semble hérésie et sophisme: aussi, dans la coalition des rois contre les peuples, l'Autriche est-elle la plus active et la plus intolérante. La politique de Charles-Quint y est aussi vivante que de son temps; l'usage n'en est différent que selon la différence des conjonctures. Le pouvoir impérial regarde toute indépendance comme une hostilité. Celle des états d'Allemagne lui est insupportable: il est aussi constamment occupé de sa ruine, que Rome l'était de celle de Carthage; mais la patience dans la haine est le fond de sa politique; elle n'accorde rien à la passion, pour ne rien livrer au hasard. La pensée de l'Autriche se découvre malaisément par les actions apparentes; c'est assurément la politique la plus détournée de toutes celles des cabinets ; elle se complique de tous les rouages de la politique italienne : mais si ses ressorts sont mystérieux , son but est souvent visible. Les états d'Allemagne ne doivent point perdre de vue que l'Autriche est en conjuration permanente contre leur indépendance , et qu'elle mettra deux siècles à la détruire, s'il en est besoin. Le temps ne fait rien au gouvernement d'Autriche ; ne changeant ni de but ni de maxime, en changeant d'empereur, elle met ses succès dans la permanence et l'unité de ses vues. Quand un but est marqué, il faut qu'elle y arrive par voie juste ou injuste: il n'y a ni crimes ni vertus dans la politique d'Autriche , il n'y a que des moyens. Sa conduite envers les Grecs est un grand trait de son caractère.

Il faut dire à sa louange que, si son gouvernement est despotique, il n'est point tyrannique ; il ne l'est pas du moins pour ses sujets naturels : mais ses provinces acquises sont traitées comme provinces conquises. Chez elle, elle gouverne avec le sceptre, ailleurs avec le glaive. L'Autriche est sous des lois, l'Italie sous un joug.

L'Autriche est tout-à-fait dans le triomphe de sa politique, quand elle peut établir la force quelque part : chez elle plus qu'ailleurs c'est le principe de toutes choses. Elle-même en accepte les conséquences avec une résignation remarquable qui tient à ce principe ; tous ses hommages sont à la force. Le dernier exemple qu'elle en a donné a été sa conduite envers Napoléon. Nulle puissance ne soutient mieux les revers : devant elle la force n'est jamais injuste ; elle ne l'accuse pas quand elle en est vaincue, et ne veut pas qu'on l'accuse quand elle triomphe avec elle. Le courage et l'espérance ne l'abandonnent point dans les plus grandes adversités; elle sait mieux tirer parti d'une défaite que d'autres d'une victoire. Après dix batailles perdues, elle se retrouve au point où elle était; et quand ses armes sont vaincues, sa politique est encore victorieuse. Si aucun cabinet ne sait mieux se plier aux conjonctures, aucun non plus ne sait mieux l'art d'en profiter.

A aucune époque, la politique de l'Autriche n'a eu une marche plus franche et plus fixe qu'en ce moment. Le pouvoir absolu est attaqué par l'esprit constitutionnel; elle n'a plus rien à dissimuler. Pour la première fois, son langage est sans détour, elle proclame les principes du despotisme, et les justifie par le glaive. Elle ne prend aucun ménagement avec ce nouvel ennemi; elle s'est dépouillée de ses vieilles inimitiés; son glaive et sa haine sont dirigés contre le fléau des constitutions, unique objet de ses alarmes et de son horreur. Pour le combattre, elle a fait un pacte avec ses rivaux : elle s'est liguée avec la Prusse. La cause du pouvoir absolu a réuni ce que tant d'intérêts contraires avaient si long-temps séparé; la haine des constitutions a produit cette amitié monstrueuse.

Le cabinet de Prusse s'en est plus épouvanté que le cabinet d'Autriche. Sa frayeur l'avait engagé dans une promesse qui s'est dissipée avec elle. La nation prussienne s'y était méprise assez légèrement, car il était peu probable qu'un gouvernement militaire pût s'allier à une constitution qui admettrait des pouvoirs balancés dans un état toujours armé, dont la nature appartient au pouvoir absolu. Quelle garantie donner à des droits de citoyens dans une monarchie de baïonnettes? La Prusse ne peut guère prendre une autre forme. Elle ne peut changer ni de politique ni d'administration : il faut

qu'elle soit armée et que son royaume soit
un camp. Aussi campe-t-elle au milieu de
l'Europe, à la manière des Romains. Elle est
toujours debout, comme les soldats de Pom-
pée. La situation ouverte où elle se trouve
la tient dans cet état de prudence et d'a-
larmes. C'est ainsi qu'elle se maintient au
rang des premières puissances; elle tombe-
rait au rang des dernières, le jour où son administration serait plus civile que militaire.
Placée presque sans rempart entre des puissances qui l'effraient, sa sûreté est d'être
sous les armes. Avec de bonnes armées, les
villages sont des places fortes : c'est le mot de
Turenne, mis en action par la Prusse. C'est
le système militaire des premiers Romains.
Toute la nation est animée du même esprit
guerrier. On en juge facilement par cette attitude militaire dans laquelle elle se complaît,
et par cette passion de l'étude stratégique,
universelle chez ce peuple, qui ne compose

sa littérature que de mémoires militaires,
de traités de tactique, et de tous les ouvrages
qui enseignent le grand art de la guerre.
L'esprit et l'état militaire de la Prusse font
toute son existence politique; c'est par là
qu'elle assure son rang. Si son esprit et son
système s'altéraient, elle ne serait bientôt
qu'un état auxiliaire. Ses voisins la res-
pectent sans la craindre, parcequ'elle peut
tenir un rang égal, mais jamais supérieur. Le gouvernement de Prusse étant militaire et obligé de l'être, tenant sur pied de
grandes forces toujours prêtes, est une des
causes qui forceront l'Europe à conserver son
état militaire si pesant, si ruineux, et toujours si menaçant pour les libertés conquises,
ou les libertés à conquérir. Elles ne germent
point sur des places d'armes. Comment la
Prusse, qui en est une, deviendrait-elle un
asile des libertés publiques? Toutefois son
peuple est très disposé à les accueillir et

même à les demander, et bientôt peut-être à les exiger. Déjà il a obtenu un organe de l'opinion publique : c'est un principe de vie pour ses destinées futures. Cette conquête est plus grande que son gouvernement ne l'a pensé : un grand fleuve peut sortir de la plus faible source. Cette nation, comme presque toutes celles de l'Europe, est en opposition avec son gouvernement ; elle est entrée dans la lutte générale et tacite ; il faut souhaiter aux rois des transactions heureuses qui préviendraient la lutte ouverte.

Les exemples ne manquent point aux peuples qui veulent obtenir des droits et les exercer. La Prusse confine à la Belgique, cette seconde terre de la liberté en Europe : tout contact a des conséquences. Son désir d'être libre ne peut que s'accroître par le spectacle d'une nation qui peut se vanter de l'être. La maison d'Orange est féconde en princes nobles et généreux ; leur gouvernement est libéral et doux ; on peut envier le bonheur de vivre sous leur tutelle. De toutés les maisons royales d'Europe, elle est sans contredit la plus amie des peuples. Il est juste d'en faire la réflexion, et utile de la faire faire : aucun roi contemporain ne possède plus de vertus que le roi qui règne aujourd'hui sur le peuple belge ; aucun n'est plus disposé à remplir tous les devoirs de la royauté, et nul roi et nul homme ne montra tant d'amour de la justice et plus de respect pour les lois. Sous de tels princes, l'esprit républicain ne germe point dans les empires.

Cependant, ce roi si digne de l'être ne fait point le bonheur de sa nation. Elle succombe sous le fardeau des impôts ; le commerce de ce pays est frappé par l'Angleterre, qui y a établi le sien ; son système d'administration est vicieux. Ce ne sont point des maux sans remède et sans terme, mais ils sont assez grands pour flétrir le cœur de tout un peuple. Ce n'est pas assez que d'être libre, il ne faut pas que ce bonheur soit payé du sacrifice de tous les autres ; ce n'est point assez que de respirer à l'aise, il ne faut pas que l'air soit pesé et vendu à si grand prix. Aucun roi ne doit ignorer que s'il y a peu de danger à blesser quelques classes de citoyens, il y en a beaucoup à atteindre les masses ; aucun ne doit perdre de vue que les impôts accablants sont une cause médiate ou immédiate de révolutions, qu'ils les font naître ou les déterminent, et que quand ils n'en sont pas le principe ils en sont le prétexte.

Il serait digne du sage roi des Belges de ne point laisser à ses successeurs la douceur et la gloire de fermer les plaies de son pays, et

de faire cesser ce triste concert de plaintes,
qui doit souvent troubler le repos d'un roi si
vertueux.

Si un jour il ne manque rien au bonheur
de ce royaume, il aura toujours quelque
chose à souhaiter pour sa dignité. Trop faible
devant les grandes puissances au milieu des-
quelles il est enclavé, il se verra forcé de subir les influences qui lui viendront par ses
frontieres ou ses rivages.

Les peuples n'ont point la sagesse de juger
de leur condition par comparaison : s'il en
était ainsi, quel peuple ne serait content de
la sienne, en jetant ses regards sur l'Espagne
et la Grèce ensanglantées ! Que de cris s'élè-
vent de ces contrées désolées ! Les Indiens
sont bien vengés ! Mais de nos jours, qu'a
fait l'Espagne pour attirer sur elle la colère
des rois et toutes les calamités dont ils l'ont

accablée ? En récompense de son dévouement pour son roi, elle lui a redemandé ses anciens droits foulés aux pieds de Charles-Quint et de l'atroce Philipppe II. C'est aux nouveaux ligueurs de la France qu'elle doit tous ses malheurs.

La révolution d'Espagne, ont-ils dit, est née de la révolution de France, il faut noyer les deux monstres dans le sang des Espagnols ; il faut tuer la révolution à Madrid, pour qu'elle meure à Paris. Telle a été la pensée des conseillers de cette guerre qu'un ministre des cultes a qualifiée de guerre sainte, nom mystérieux réservé aux proscriptions de l'église romaine. Qu'en est-il arrivé ? l'esprit de la révolution s'est fortifié à Madrid et à Paris ; il se vivifie dans le sang, il grandit sur les hécatombes. Les auteurs de cette guerre se sont arrogé un droit d'intervention, car lorsque la force agit, elle veut toujours qu'on l'appelle droit. Quand Philippe II envoyait ses armées à Paris au secours de la ligue, il exerçait aussi son droit d'intervention ; voilà les maximes d'un pouvoir injuste. L'Autriche n'avait pas manqué de les appliquer à l'Italie ; son code de la force est riche de ces maximes ; si les gouvernements républicains étaient assez forts et assez injustes pour établir leur droit d'intervention, on verrait d'étranges conséquences de cette législation politique.

C'est pourtant sur cette fausse base que s'est établi le système de coalition des rois ; mais ce droit d'intervention, qu'est-il autre chose que le droit d'invasion? Et qu'est-ce qu'un droit d'invasion, quand il n'y a ni offense, ni attaque ; la justice seule est un principe ; jamais ce nom ne peut appartenir à la force.

Les ministres de France, qui depuis trois ans n'ont gouverné que par leurs passions et leur parti, ont pris l'initiative de cette guerre odieuse. Ils ont envoyé contre l'Espagne les guerriers français, comme les gendarmes de la Sainte-Alliance. Tel est l'abaissement où ils sont tombés. Telle a été la mission de cette France qui, lorsqu'elle sera confiée à de plus nobles mains, et que ses destinées constitutionnelles seront accomplies, fera trembler cette même Sainte-Alliance qui la comprime, mais qui ne l'épouvante pas.

L'Europe a retenti des cris de joie des prédicateurs de cette guerre ; c'est la cause des rois, disaient-ils ; c'est la cause de Dieu, ont dit les prêtres romains ; ce n'était que la cause de la tyrannie. Combien d'espérances ils avaient placées dans leur plan d'extermination ! mais tous ces efforts de l'orgueil,

tous ces désirs de vengeance, tous ces vœux
barbares sont venus échouer contre la vertu
d'un seul homme. C'est alors que voyant leur
fureur trompée, et leurs projets détruits, ils
ont fait entendre un vœu plus inhumain ; ils
ont souhaité que cette vertu disparût dans
les forfaits d'Espagne ; ce n'est point ici une
révélation ; ce vœu n'a été que trop public.

Le Prince, noble objet de ce vœu impie,
à qui est dû tout l'honneur recueilli en Espagne, a effacé par sa conduite humaine et
magnanime tout ce qu'avait d'odieux cette
injuste entreprise ; il a triomphé des passions
de tout un peuple ulcéré, ce qui est bien autrement glorieux que de triompher de ses
armes ; il a remporté une *victoire sans larmes*,
pour parler comme Athènes ; son armée en-
voyée pour détruire est arrivée pour protéger.
Si elle avait rempli les vœux barbares du parti qui l'envoyait, la nation française eût été

aussi criminelle envers les Espagnols, que les Espagnols autrefois l'ont été envers les Indiens. Il est aussi juste de bénir les exécuteurs de cette guerre, qu'il est juste d'en maudire les conseillers; ils ont fait de l'Espagne une terre de malheurs et de crimes dont le terme ne peut plus être aperçu.

C'est courir de crime en crime et d'abîme en abîme, que de passer de l'Espagne à la Grèce. C'est dans cette cause que la politique des rois est à découvert. Ce nom de Sainte Alliance n'est qu'une dérision cruelle à l'aspect d'une nation entière de chrétiens que les rois de cette Sainte Alliance voient égorger d'un œil impassible par des tigres de forme humaine. On devait croire que toute une population chrétienne menacée d'extermination trouverait un refuge sous la bannière du Christ, si fastueusement élevée par la main des rois; mais le repos et la contemplation froide où ils se tiennent est un aveu public que les intérêts de la religion ne s'allèguent que par bienséance. Ainsi, dans les hauts Conseils, la religion n'est jamais cause, elle est toujours prétexte ; et ce n'est que pour se faire accueillir que les intérêts humains prennent le nom d'intérêts divins. Que font les rois de leur droit d'intervention; c'est dans une pareille cause qu'il serait justifié: mais que leur importe la nation grecque! elle n'est point gouvernée par un roi de race européenne. Les rois viennent au secours des rois, et non point des nations.

Mais si l'on s'étonne du repos des rois, que dira-t-on du silence de Rome? Rome chrétienne dans les siècles passés a commandé à l'Europe de se précipiter sur l'Asie; elle a rassemblé sous l'étendard du Christ les rois, les grands et les nations; à son appel, tous les royaumes d'Occident se sont formés en sainte alliance; et pourquoi? pour aller assurer le pèlerinage de la Syrie, pour s'emparer d'une ruine qui a perdu ses oracles. Rome alors n'a point hésité d'ensevelir les générations européennes dans les sables de l'Asie, pour y établir un siége de son empire, et faire de la Palestine une paroisse de Rome; et aujourd'hui cette Rome est muette, en voyant massacrer à ses portes un peuple entier de chrétiens, qui imbibent de leur sang cette terre fameuse qui a fait l'Europe savante et polie, cette terre, le berceau des lettres et de la religion. et où les ministres de cette religion ont conservé la pureté et la douceur de l'Évangile. Rome ne forme plus de croisades contre les musulmans. elle n'en soulève que contre les protestants. Le secret de son silence dans la destruction de la Grèce n'est pas impénétrable. Les patriarches de la Grèce ne reconnaissent point la suprématie romaine; c'est un crime qui ne se pardonne point à Rome, et il ne faudrait pas s'étonner si, à cause de ce crime, Athènes lui était moins chère que Constantinople.

Rome a bien d'autres soins que celui du salut de la Grèce; elle est occupée de l'extinction entière de la philosophie : le Vatican est le siége et le foyer d'une vaste conjuration qui embrasse tous les états d'Occident; les chefs de ses armées secrètes sont à la cour des rois. L'esprit de Rome entre dans les conseils ; il descend sur les congrès. Dans toutes les contrées de l'Europe, elle dirige en silence un clergé dévoué, uni par un même esprit, obéissant à une même volonté, tendant à un même but. Les rois, un jour, se réveilleraient dans les chaînes de Rome, si la ligue philosophique des peuples, tant redoutée par les rois, ne les sauvait de ce joug bien autrement redoutable.

L'Orient n'importe point à Rome; tous ses

arsenaux sont dans l'Occident. La France est sa place de défense et d'attaque. Elle y a une armée visible, et une armée invisible; elle y a ses plus habiles ambassadeurs, ses généraux, ses écrivains, ses prédicateurs; elle s'y est emparée de l'instruction publique; elle tient dans sa main le cœur des princes; elle donne des ordres à leurs ministres. Comme l'ancienne Rome, la nouvelle a l'empire des Gaules : au milieu de ce triomphe, que lui font les malheurs des Grecs? La Grèce chrétienne nage dans le sang : mais la Grèce est schismatique, Rome ne la connaît point; la Grèce est indépendante, Rome ne veut que des sujets; tout ce qui ne lui obéit point est rebelle : le glaive des musulmans est le glaive exterminateur prédit par les prophètes.

Mais, quels que soient les secrets de Rome et les projets des ennemis des Grecs, l'empire d'Orient s'écroule enfin : *il n'en peut plus,* selon l'expression de Bossuet. Ce fameux contrepoids, introduit dans la balance européenne par Louis XIV, a perdu toute son importance ; la chimère de l'ancienne politique, le système d'équilibre a disparu. Ce système, qui a coûté tant de sang à l'Europe pour fixer un point d'égalité de forces, aussi impossible à saisir que le point d'Archimède, n'étant assis que sur le calcul des multitudes, sur l'étendue et les rapports de positions, devait nécessairement tomber dans un siècle où la puissance morale des peuples a détruit tous les ressorts de l'ancienne politique Autrefois les peuples n'étaient évalués que par leur poids matériel ; ils étaient calculés comme des forces d'impulsion et de répulsion ; ils n'avaient que le mouvement : ils ont aujourd'hui le mouvement et la pensée, qui se rend maîtresse du mouvement.

Cet odieux empire, que de plus odieux

flatteurs proposèrent à Louis XIV comme le modèle de l'obéissance la plus stupide, et du commandement le plus orgueilleux, n'a que trop long-temps affligé les regards des peuples d'Occident. Sa chute est un immense bienfait pour l'humanité : ce sera pour les rois un affreux modèle de moins. Louis XIV a envié la toute-puissance des sultans; la pensée ne lui en serait pas venue peut-être, s'ils n'avaient pas été si près de lui. Il est de la nature des rois de ne point haïr les préjugés de l'Orient, où les rois sont mieux adorés que les dieux. La puissance tout arbitraire de ces contrées plairait à leur ambition, si les peuples étaient disposés à la subir : les rois même les plus modérés n'ont jamais refusé les hommages divins. Quelques rois de France ont eu quelque ressemblance avec les rois d'Orient; tous en ont le faste, et en aiment l'adoration; plusieurs en ont quelquefois exercé le pouvoir, et il y a eu des temps où la France ne semblait être qu'une Asie plus polie. Les Anglais, qui se connaissent en gouvernements , comparaient autrefois la France aux gouvernements orientaux : la forme actuelle de son gouvernement ne permet plus ces rapprochements : la seule magistrature autréfois en faisait la différence.

D'ailleurs, en rejetant un peuple féroce à sa source , la civilisation européenne aura une garantie de plus ; et, en effet, si on y réfléchit bien, nous méprisons l'Asie, et l'esprit asiatique nous est apporté du nord et de l'orient de l'Europe. Que deviendrait-elle, si ces deux points s'entendaient et se réunissaient contre elle ?

C'est un phénomène bien remarquable que la présence d'un peuple qui depuis plusieurs siècles se perpetue dans la patrie des arts, des sciences et de la liberté , et qui a conservé au même degré son ignorance, son esprit de servitude et sa brutalité ; qui, étant assis sur le seuil de l'Europe civilisée, est demeuré constamment barbare, et préférant son inepte barbarie à la civilisation et au génie des autres peuples. Les religions seules sont capables de produire et d'expliquer de pareils phénomènes.

La majesté des rois d'Europe s'est perdue dans Constantinople. Les sultans reçoivent des hommages et n'en rendent point ; les rois leur envoient des ambassadeurs, ils n'en envoient nulle part. Les ambassadeurs des rois n'ont point de titre sacré à Constantinople ; on les insulte, on les emprisonne, on les chasse, et les rois ne s'en vengent point : bientôt après ils leur rendent de nouveaux hommages pour de nouvelles insultes. Tous les sultans n'ont point le même dégré d'insolence et d'orgueil, mais, à part leur caractère personnel, telle est la politique de l'empire, tel est le mépris de ces barbares pour les nations européennes. Puisse la Grèce venger l'Europe et les rois mêmes qui l'abandonnent! Dans un an, le gouvernement grec aura changé la face des affaires d'Orient.

Dans la situation actuelle des sociétés, dans le mouvement rapide qui les emporte, une année est un poids dans la destinée des empires ; les événements se pressent et se succèdent avec une promptitude et une mobilité qui révèle l'agitation du monde. Cette agitation elle-même sera plus vive de jour en jour, et le mouvement ne cessera point que les peuples n'aient conquis le bonheur qu'ils ont conçu, qu'ils n'aient obtenu de leurs gouvernements une concession de droits qui leur appartiennent, et qu'enfin la politique ne soit en harmonie avec la morale publique, et coordonnée à l'état de lumières et de civilisation où l'Europe est parvenue. Sa situation est violente et incertaine, mais il faut s'arrêter aux traits qu'elle présente.

Ainsi la France, sans état fixe, placée entre son ancien et son nouveau régime, et rappelée à ses vieux préjugés ; l'Italie impatiente attendant le moment de se défaire des siens ; la moitié civilisée de l'Espagne réduite au silence et au désespoir par sa moitié barbare ; l'Autriche conservant le modèle de la servitude heureuse ; la Prusse ne sachant comment accorder son existence politique et son état civil ; l'esprit polonais survivant à la Pologne ; l'Allemagne toujours occupée des droits des peuples et des rois, interrogeant tout et ne décidant rien ; la Russie instruisant l'Europe à l'obéissance asiatique ; la Turquie croulant enfin aux acclamations

des peuples civilisés; la Grèce se relevant
sur ses ruines et les siennes, et se replaçant
au rang des plus nobles peuples; la Suède
avec ordre et sagesse marchant à ses nouvelles destinées; le Danemark sans mouvement au milieu des sociétés ébranlées; la
Belgique n'ayant qu'un pas à faire pour
être le plus heureux état de l'Europe; la
Suisse moins hospitalière, inquiétée dans
ses libertés par sa population catholique;
l'Irlande d'autant plus fanatique qu'elle est
plus malheureuse; le Portugal échappant
au joug des rois; Rome poursuivant la
philosophie partout où elle se trouve, enve-
loppant l'Europe de ses armées secrètes;
enfin la superbe Angleterre, appuyée sur
l'Amérique, dont elle sanctionne les destinées, planant du haut des mers sur cette
Europe agitée, contemplant sans danger
les orages qui s'y amoncèlent, et pouvant
à son gré donner à ces agitations une di-

rection funeste à la tyrannie : telle est l'Europe aux premiers jours de 1825; elle ne sera plus la même à la fin de son cours.

FI N.